GUIDA WORDPRESS:
LA GUIDA DEFINITIVA
PER PRINCIPIANTI

INTRODUZIONE

Benvenuti alla guida completa su come creare un sito in WordPress. Se sei alla ricerca di una piattaforma per creare un sito web professionale, WordPress è la scelta perfetta per te. WordPress è la piattaforma di gestione dei contenuti più popolare al mondo, utilizzata da milioni di utenti per creare siti web di ogni genere, dalle pagine personali ai siti aziendali.

In questa guida, ti mostreremo passo dopo passo come creare un sito WordPress. Inizieremo dalle basi, come scegliere il dominio e l'hosting, e procederemo con l'installazione e la configurazione di WordPress. Ti mostreremo come personalizzare il design del tuo sito utilizzando temi e plugin, e come aggiungere contenuti come pagine e post.

Ma non è tutto qui: la nostra guida non si ferma solo alla creazione del sito. Ti mostreremo anche come ottimizzare il tuo sito WordPress per i motori di ricerca, come gestire la sicurezza del tuo sito e come integrare il tuo sito web con i social media.

Che tu sia un principiante o un utente esperto, questa guida ti offrirà tutto ciò di cui hai bisogno per creare un sito WordPress di successo. Con i nostri consigli e le nostre istruzioni dettagliate, sarai in grado di creare un sito web personalizzato e professionale in poco tempo. Quindi, senza ulteriori indugi, iniziamo la nostra avventura nella creazione di un sito WordPress!

CAPITOLI

i menu personalizzati.

13. Formulare: come creare e gestire i form di contatto in WordPress.

14. SEO: come migliorare il posizionamento del tuo sito web sui motori di ricerca utilizzando strumenti e tecniche di ottimizzazione per i motori di ricerca (SEO).

15. Sicurezza: come proteggere il tuo sito WordPress da hacker e attacchi online utilizzando strumenti e tecniche di sicurezza.

INTRODUZIONE A WORDPRESS: COS'È, COME FUNZIONA E PERCHÉ È POPOLARE PER LA CREAZIONE DI SITI WEB.

WordPress è un sistema di gestione dei contenuti (CMS) gratuito e open source che permette agli utenti di creare e gestire facilmente siti web, blog e applicazioni web. WordPress è scritto in PHP e utilizza un database MySQL per archiviare i contenuti e le impostazioni del sito web.

WordPress è diventato estremamente popolare per la creazione di siti web per molte ragioni. In primo luogo, WordPress è molto facile da usare e da imparare, anche per chi non ha una conoscenza approfondita della programmazione o della progettazione web. Inoltre, WordPress è altamente personalizzabile grazie ai temi e ai plugin disponibili, che permettono di creare siti web unici e funzionali in modo rapido e semplice.

WordPress è anche altamente scalabile, il che significa che è possibile utilizzarlo per creare sia siti web semplici che complessi, da blog personali a grandi siti web aziendali. Inoltre, WordPress è supportato da una vasta comunità di sviluppatori e utenti, il che significa che ci sono sempre persone pronte ad aiutare e a rispondere alle domande degli utenti.

Infine, WordPress è altamente flessibile e personalizzabile grazie ai temi e ai plugin disponibili. I temi di WordPress permettono di personalizzare l'aspetto e la struttura del sito web, mentre i plugin offrono funzionalità aggiuntive come la gestione degli eventi, la creazione di form di contatto, la condivisione sui social media e molto altro ancora.

In sintesi, WordPress è un CMS popolare e ampiamente utilizzato per la creazione di siti web grazie alla sua facilità d'uso, alla scalabilità, alla flessibilità e alla vasta gamma di temi e plugin disponibili.

COME INSTALLARE WORDPRESS: GUIDA PASSO-PASSO ALL'INSTALLAZIONE DI WORDPRESS SUL TUO SERVER.

Ecco una guida passo-passo per l'installazione di WordPress sul tuo server:

- Scegli l'hosting: per installare WordPress, avrai bisogno di un servizio di hosting web. Esistono molti provider di hosting web disponibili, quindi scegli quello che meglio si adatta alle tue esigenze e budget.
- Scarica l'ultima versione di WordPress: vai sul sito ufficiale di WordPress e scarica l'ultima versione di WordPress.
- Carica i file su hosting: una volta scaricati i file, caricali sul tuo account di hosting web utilizzando un client FTP. Puoi anche caricare i file tramite cPanel o altri pannelli di controllo.
- Crea un database: crea un database MySQL sul tuo account di hosting web utilizzando il pannello di controllo del tuo hosting. Ricorda di prendere nota delle

informazioni di accesso al database, inclusi il nome utente, la password e il nome del database.

- Configura il file wp-config.php: rinomina il file wp-config-sample.php in wp-config.php e modificalo con le informazioni del database che hai creato.
- Avvia l'installazione: avvia l'installazione di WordPress digitando l'URL del tuo sito web nel browser. Segui le istruzioni sullo schermo per completare l'installazione.
- Configura il sito: dopo l'installazione, puoi accedere all'area di amministrazione di WordPress e iniziare a configurare il tuo sito web. Questo include la personalizzazione dell'aspetto del sito web con un tema, l'aggiunta di plugin per funzionalità aggiuntive, la creazione di pagine e post, e molto altro ancora.

In sintesi, l'installazione di WordPress sul tuo server richiede pochi passaggi semplici, tra cui il download dei file, il caricamento su hosting, la creazione di un database, la configurazione del file wp-config.php e l'avvio dell'installazione. Una volta completata l'installazione, puoi iniziare a configurare e personalizzare il tuo sito web utilizzando l'area di amministrazione di WordPress.

IMPOSTAZIONI DI BASE: COME CONFIGURARE LE IMPOSTAZIONI PRINCIPALI DI WORDPRESS, COME IL TITOLO DEL SITO, LA DESCRIZIONE, LA LINGUA E LE IMPOSTAZIONI DI PERMALINK.

Configurare le impostazioni principali di WordPress è fondamentale per personalizzare il tuo sito web e renderlo più accessibile e visibile. Ecco come fare:

. Titolo del sito e descrizione: accedi all'area di

amministrazione di WordPress e vai su Impostazioni > Generale. Qui puoi modificare il titolo del sito e la descrizione, che verranno visualizzati nei motori di ricerca e sui browser. Assicurati di includere parole chiave pertinenti per il tuo sito web per una migliore indicizzazione.

- Lingua: se il tuo sito web è destinato a un pubblico specifico che parla una lingua diversa dall'inglese, è possibile configurare la lingua del sito web. Vai su Impostazioni > Generale e seleziona la lingua desiderata dalla sezione "Lingua del sito". Se la lingua desiderata non è disponibile, puoi installare un pacchetto di traduzione per WordPress.

- Impostazioni di permalink: i permalink sono l'URL di ogni pagina o post del tuo sito web. WordPress offre diverse opzioni per personalizzare gli URL, come ad esempio l'uso del titolo della pagina o del post. Per configurare i permalink, vai su Impostazioni > Permalink e scegli l'opzione desiderata.

- Impostazioni di commento: i commenti sono un'importante funzionalità dei siti web WordPress. Puoi personalizzare le impostazioni dei commenti, come ad esempio la moderazione dei commenti o la necessità di registrazione per commentare. Vai su Impostazioni > Discussioni per configurare le impostazioni dei commenti.

- Impostazioni di lettura: se vuoi impostare una pagina statica come home page del tuo sito web, puoi farlo dalle impostazioni di lettura. Vai su Impostazioni > Lettura e seleziona "Pagina statica" nella sezione "Visualizzazione front page". Seleziona poi la pagina che desideri impostare come home page e la pagina degli articoli.

In sintesi, la configurazione delle impostazioni principali di WordPress, come il titolo del sito, la descrizione, la lingua e le impostazioni di permalink, è un'operazione essenziale per personalizzare il tuo sito web. Puoi anche configurare le impostazioni dei commenti e di lettura per offrire un'esperienza utente ottimale. Accedi all'area di amministrazione di WordPress e vai alle impostazioni per configurare queste opzioni importanti.

TEMI: COME SCEGLIERE E INSTALLARE UN TEMA WORDPRESS PER IL TUO SITO WEB.

Il tema WordPress che scegli per il tuo sito web è uno dei fattori chiave per l'aspetto e la funzionalità del tuo sito. Ecco come scegliere e installare un tema WordPress:

- Scegli un tema: puoi scegliere tra una vasta gamma di temi WordPress gratuiti e a pagamento. I temi gratuiti sono disponibili direttamente dal repository di WordPress, mentre i temi a pagamento sono disponibili su piattaforme di terze parti. Considera la tua attività e l'obiettivo del tuo sito web per scegliere un tema che sia coerente con il tuo marchio e le tue esigenze.

- Visualizza le demo: prima di installare un tema, verifica le demo per capire come apparirà il tuo sito web. In questo modo, puoi scegliere un tema che si adatta meglio alle tue esigenze e ai tuoi obiettivi.

- Installa il tema: una volta scelto il tema, puoi installarlo direttamente dal tuo pannello di amministrazione WordPress. Vai su Aspetto > Temi > Aggiungi nuovo, cerca il tema che hai scelto e clicca su "Installa". Una volta installato il tema, clicca su "Attiva" per applicarlo al tuo sito web.

- Personalizza il tema: una volta installato il tema, è possibile personalizzarlo per adattarlo alle tue esigenze. Vai su Aspetto > Personalizza per accedere all'editor di personalizzazione del tema. Qui puoi modificare le impostazioni, come i colori, le immagini e le sezioni del tema.
- Valuta le prestazioni del tema: quando scegli un tema WordPress, assicurati di valutare le sue prestazioni. Un tema ben progettato deve essere veloce e leggero, senza rallentare il caricamento del tuo sito web. Puoi utilizzare strumenti di analisi delle prestazioni come GTmetrix o Google PageSpeed Insights per valutare le prestazioni del tuo sito web.

In sintesi, scegliere e installare un tema WordPress per il tuo sito web è un'operazione fondamentale per creare un sito web accattivante e funzionale. Scegli un tema coerente con il tuo marchio e le tue esigenze, installalo dal pannello di amministrazione WordPress e personalizzalo per adattarlo alle tue esigenze. Valuta le prestazioni del tema per assicurarti che non rallenti il caricamento del tuo sito web.

PERSONALIZZAZIONE DEL TEMA: COME PERSONALIZZARE IL TUO TEMA WORDPRESS UTILIZZANDO LE OPZIONI DI PERSONALIZZAZIONE, LE IMPOSTAZIONI DEL TEMA E L'EDITOR DI CODICE.

La personalizzazione del tema è un aspetto fondamentale della creazione di un sito web WordPress. Puoi personalizzare il tuo tema utilizzando le opzioni di personalizzazione, le impostazioni del tema e l'editor di codice. Ecco come procedere:

- Opzioni di personalizzazione: i temi WordPress più moderni includono opzioni di personalizzazione che ti permettono di modificare l'aspetto del tuo sito web senza dover utilizzare codice. Per accedere alle opzioni di personalizzazione, vai su Aspetto > Personalizza dal tuo pannello di amministrazione WordPress. Qui, puoi modificare le impostazioni come il logo, il colore del tema, l'immagine dell'intestazione e altro ancora.

- Impostazioni del tema: i temi WordPress includono anche diverse impostazioni che ti consentono di personalizzare il tuo sito web. Queste impostazioni variano a seconda del tema che hai scelto. Puoi accedere alle impostazioni del tema andando su Aspetto > Opzioni del tema.

- Editor di codice: se sei esperto di codice, puoi personalizzare il tuo tema WordPress utilizzando l'editor di codice. Per accedere all'editor di codice, vai su Aspetto > Modifica dal tuo pannello di amministrazione WordPress. Qui, puoi modificare il codice HTML, CSS e PHP del tuo tema.

- Plugin: i plugin sono un altro modo per personalizzare il tuo tema WordPress. I plugin ti consentono di aggiungere funzionalità al tuo sito web, come una galleria di immagini o un modulo di contatto. Puoi trovare plugin gratuiti e a pagamento direttamente dal tuo pannello di amministrazione WordPress andando su Plugin > Aggiungi nuovo.

- Consigli: quando personalizzi il tuo tema WordPress, tieni presente che la semplicità è la chiave del successo. Cerca di mantenere un aspetto pulito e coerente con il tuo marchio e le tue esigenze. Evita di caricare il tuo sito web con troppe immagini, animazioni e funzionalità inutili, in quanto questo potrebbe rallentare il caricamento del sito.

In sintesi, la personalizzazione del tema è un aspetto cruciale della creazione di un sito web WordPress. Puoi personalizzare il tuo tema utilizzando le opzioni di personalizzazione, le impostazioni del tema, l'editor di codice e i plugin. Ricorda di mantenere l'aspetto del tuo sito web semplice e coerente con il tuo marchio e le tue esigenze.

PLUGIN: COME SCEGLIERE E INSTALLARE PLUGIN WORDPRESS PER AGGIUNGERE FUNZIONALITÀ AL TUO SITO WEB.

I plugin sono uno degli elementi chiave di WordPress che consentono di aggiungere funzionalità al tuo sito web senza dover scrivere codice personalizzato. In questo capitolo, ti spiegherò come scegliere e installare i plugin WordPress per migliorare le funzionalità del tuo sito web.

Come scegliere i plugin

La prima cosa da fare è scegliere i plugin giusti per il tuo sito web. Qui ci sono alcuni suggerimenti su come scegliere i plugin giusti:

- Determina la funzionalità necessaria: identifica la funzionalità di cui hai bisogno e cerca un plugin che la fornisca. Ad esempio, se vuoi creare un modulo di contatto per il tuo sito web, cerca un plugin di moduli di

contatto.
- Verifica la compatibilità: prima di installare un plugin, assicurati che sia compatibile con la tua versione di WordPress. I plugin incompatibili potrebbero causare problemi sul tuo sito web.
- Leggi le recensioni: leggi le recensioni degli utenti e valuta la reputazione del plugin prima di installarlo. Sii cauto se un plugin ha molte recensioni negative o se non ha recensioni.
- Controlla l'aggiornamento: assicurati che il plugin sia aggiornato di recente e che il suo sviluppatore lo abbia supportato.
- Verifica la sicurezza: cerca plugin affidabili e sicuri che siano stati sviluppati da fonti affidabili. Leggi le note sulla sicurezza del plugin e fai attenzione a qualsiasi segnale di allarme.

Come installare i plugin

Una volta scelti i plugin giusti, puoi procedere con l'installazione. Ecco come installare i plugin in WordPress:
- Accedi alla tua area di amministrazione WordPress.
- Nella barra laterale sinistra, fai clic su "Plugin" e seleziona "Aggiungi nuovo".
- Cerca il plugin desiderato utilizzando la funzione di ricerca o scorri la lista dei plugin consigliati.
- Fai clic su "Installa ora" per installare il plugin.
- Dopo l'installazione, fai clic su "Attiva" per attivare il plugin.
- Configura le impostazioni del plugin se richiesto.
- Utilizza il plugin per aggiungere le funzionalità desiderate al tuo sito web.

Conclusioni

La scelta dei plugin giusti può migliorare notevolmente le funzionalità del tuo sito web WordPress. Tuttavia, tieni a mente che l'installazione di troppi plugin può rallentare il tuo sito web e causare problemi di compatibilità. Scegli solo i plugin di cui hai veramente bisogno e che siano compatibili con la tua versione di WordPress.

CREARE PAGINE: COME CREARE E GESTIRE PAGINE IN WORDPRESS, INCLUSI MODELLI DI PAGINA PERSONALIZZATI.

Creare e gestire pagine è una delle funzionalità principali di WordPress, in quanto consente di creare contenuti statici e strutturati per il tuo sito web. Qui di seguito sono riportati i dettagli su come creare e gestire pagine in WordPress:

- Creare una nuova pagina: Per creare una nuova pagina in WordPress, devi accedere al tuo pannello di amministrazione e selezionare "Pagine" dal menu di sinistra. Da qui, puoi fare clic sul pulsante "Aggiungi nuova pagina" per iniziare a creare una nuova pagina.

- Aggiungere contenuto alla pagina: Una volta che hai creato una nuova pagina, puoi iniziare ad aggiungere contenuto alla pagina, come testo, immagini, video, audio e altri elementi multimediali. WordPress ti offre un editor di testo WYSIWYG (What You See Is What You Get) che ti consente di formattare il testo, aggiungere link, liste, tabelle e molto altro ancora.

- Selezionare un modello di pagina personalizzato: WordPress ti consente di utilizzare modelli di pagina personalizzati per creare pagine con diverse disposizioni e funzionalità. Puoi utilizzare un modello di pagina predefinito o creare un tuo modello di pagina personalizzato utilizzando codice HTML, CSS e PHP.
- Pubblicare la pagina: Quando hai finito di creare la tua pagina e sei pronto a pubblicarla, fai clic sul pulsante "Pubblica" per pubblicare la tua pagina. Puoi anche salvare la pagina come bozza o anteprima per vedere come apparirà sul tuo sito web prima di pubblicarla.
- Gestire le pagine esistenti: WordPress ti consente di gestire le pagine esistenti dal tuo pannello di amministrazione. Puoi modificare il contenuto delle pagine esistenti, cambiare il modello di pagina, eliminare le pagine che non sono più necessarie e organizzare le pagine in gerarchie.

In generale, creare e gestire pagine in WordPress è abbastanza semplice e intuitivo, anche per gli utenti meno esperti. Tuttavia, per sfruttare al meglio le funzionalità avanzate di WordPress, come i modelli di pagina personalizzati, potrebbe essere necessario avere competenze di programmazione web.

CREARE POST: COME CREARE E GESTIRE POST IN WORDPRESS, INCLUSI FORMATI DI POST PERSONALIZZATI.

Il capitolo "Creare post" in una guida su come creare siti in WordPress è fondamentale, poiché i post sono la base del contenuto del tuo sito web. Ecco alcuni dettagli su come creare e gestire post in WordPress, inclusi i formati di post personalizzati.

- Creare un nuovo post: Per creare un nuovo post in WordPress, accedi al tuo pannello di amministrazione, vai su "Post" e seleziona "Aggiungi nuovo". Da qui, puoi inserire il titolo del post e il contenuto. Puoi anche aggiungere immagini, video e audio.
- Formattazione del testo: WordPress ti consente di formattare il testo del tuo post utilizzando gli strumenti dell'editor di testo. Puoi creare elenchi puntati e numerati, modificare il tipo di carattere, il colore e la dimensione del testo e aggiungere link.
- Categorie e tag: Organizzare i tuoi post in categorie e tag ti aiuterà a mantenere il tuo sito web ben strutturato.

In WordPress, puoi aggiungere categorie e tag al tuo post utilizzando i campi "Categorie" e "Tag" nella sezione "Document".

- Formati di post personalizzati: WordPress offre diversi formati di post personalizzati, che ti consentono di visualizzare il tuo contenuto in modo diverso. Ad esempio, puoi utilizzare il formato "Galleria" per visualizzare una galleria di immagini, o il formato "Video" per incorporare un video nel tuo post.
- Pubblicazione del post: Quando sei pronto per pubblicare il tuo post, puoi selezionare la data e l'ora di pubblicazione e fare clic sul pulsante "Pubblica". Il tuo post sarà ora disponibile sul tuo sito web.
- Gestione dei post: Una volta pubblicato il post, puoi gestirlo utilizzando la sezione "Post" del tuo pannello di amministrazione. Puoi modificare il contenuto del post, aggiungere o rimuovere categorie e tag, aggiornare la data di pubblicazione o eliminare il post completamente.

In sintesi, creare e gestire post in WordPress è facile e intuitivo, ma richiede cura e attenzione per mantenere il tuo sito web organizzato e ben strutturato. Utilizzando i formati di post personalizzati, puoi anche rendere il tuo contenuto più coinvolgente e accattivante per i tuoi visitatori.

CATEGORIE E TAG: COME ORGANIZZARE I TUOI POST UTILIZZANDO CATEGORIE E TAG.

Categorie e tag sono due funzionalità fondamentali di WordPress che consentono di organizzare i contenuti del tuo sito web in modo efficiente. La loro corretta utilizzazione può migliorare l'esperienza dell'utente e la navigazione del sito, nonché migliorare il posizionamento del sito sui motori di ricerca.

Ecco alcuni suggerimenti su come utilizzare categorie e tag per organizzare i tuoi post in WordPress:

- Categorie: le categorie sono le sezioni principali in cui suddividere i contenuti del tuo sito. In genere, ogni post dovrebbe essere assegnato a una categoria, ma è possibile assegnarne anche più di una. Ad esempio, se stai creando un blog di cucina, le categorie potrebbero essere: antipasti, primi, secondi, dolci, ecc.

- Tag: i tag sono parole chiave che descrivono il contenuto del tuo post. Rispetto alle categorie, i tag sono più specifici e dettagliati. Ogni post può avere uno o più tag, ma è importante non esagerare con il numero di tag, altrimenti rischi di confondere gli utenti e i motori di ricerca. Ad esempio, per un post sulla pasta alla carbonara, i tag potrebbero essere: pasta, carbonara, pancetta, uova, parmigiano, ecc.

- Consistenza: per ottenere il massimo beneficio dall'utilizzo di categorie e tag, è importante utilizzarli in modo coerente e consistente. Ad esempio, se hai una categoria chiamata "Antipasti", assicurati di utilizzarla in modo coerente per tutti i post relativi agli antipasti. In questo modo, gli utenti e i motori di ricerca saranno in grado di comprendere la struttura del tuo sito web e navigarlo in modo più facile e intuitivo.

- Gerarchia: le categorie possono essere organizzate in modo gerarchico, in modo che le sottocategorie siano collegate alla categoria principale. Ad esempio, potresti avere una categoria chiamata "Cucina italiana" con le sottocategorie "Pasta", "Pizza", "Pesce", ecc. Questo può aiutare a mantenere il tuo sito web organizzato e coerente.

- Analisi: utilizza gli strumenti di analisi del tuo sito web per capire quali categorie e tag sono più popolari e utilizzati dagli utenti. In questo modo, sarai in grado di adattare la tua strategia di categorizzazione per soddisfare le esigenze dei tuoi utenti e migliorare il posizionamento del tuo sito sui motori di ricerca.

In sintesi, l'utilizzo di categorie e tag è una parte fondamentale della creazione di contenuti in WordPress. Utilizzali in modo consistente e coerente per organizzare i tuoi post e migliorare la navigazione del tuo sito web. Inoltre, ricorda di analizzare i dati per capire come ottimizzare la tua strategia di categorizzazione e migliorare il tuo posizionamento sui motori di ricerca.

MEDIA: COME GESTIRE I FILE MULTIMEDIALI IN WORDPRESS, INCLUSI IMMAGINI, VIDEO E AUDIO.

Il capitolo "Media" nella guida su come creare siti in WordPress si concentra sulla gestione dei file multimediali all'interno del tuo sito web. Questo include immagini, video e audio.

In WordPress, la gestione dei file multimediali è gestita attraverso la libreria dei media. Per accedere alla libreria dei media, puoi cliccare su "Media" nel menu di WordPress.

Una volta nella libreria dei media, puoi visualizzare tutti i file multimediali caricati sul tuo sito web. Puoi caricare nuovi file multimediali cliccando su "Aggiungi nuovo" e selezionando il file che desideri caricare dal tuo computer.

Una volta caricati, i file multimediali possono essere gestiti in vari modi. Puoi visualizzare informazioni sul file, come il nome del file, la data del caricamento, le dimensioni del file e il formato del file. Puoi anche modificare le informazioni sul file, come il titolo, la descrizione e i tag.

Inoltre, puoi utilizzare la libreria dei media per organizzare i tuoi file multimediali. Puoi creare cartelle per organizzare i tuoi file in modo logico e facile da trovare. Puoi anche utilizzare le funzioni di ricerca e filtraggio per trovare rapidamente i file che ti servono.

Per utilizzare i file multimediali all'interno dei tuoi post e delle tue pagine, puoi selezionare il file desiderato dalla libreria dei media e inserirlo direttamente nel tuo contenuto. Puoi anche utilizzare shortcode o HTML per inserire i tuoi file multimediali in modo più avanzato.

Infine, la libreria dei media offre anche opzioni avanzate per la gestione dei file multimediali, come la riduzione delle dimensioni delle immagini, la generazione automatica di miniature e la gestione dei formati di file consentiti.

In sintesi, il capitolo "Media" della guida su come creare siti in WordPress fornisce le informazioni necessarie per gestire i file multimediali sul tuo sito web. Ciò ti consente di organizzare, caricare, gestire e utilizzare efficacemente immagini, video e audio all'interno del tuo sito WordPress.

WIDGET: COME UTILIZZARE I WIDGET IN WORDPRESS PER AGGIUNGERE CONTENUTI E FUNZIONALITÀ ALLE TUE BARRE LATERALI E AI TUOI PIEDINI.

I widget sono uno strumento estremamente utile per personalizzare il layout e la funzionalità del tuo sito WordPress. Essi sono elementi modulari di contenuto che possono essere posizionati in aree specifiche del tuo sito web, come la barra laterale o il piede di pagina.

Per utilizzare i widget in WordPress, segui i seguenti passaggi:

- Accedi al tuo pannello di amministrazione di WordPress e seleziona "Aspetto" dal menu principale.
- Seleziona "Widget" dalla lista delle opzioni disponibili.
- Vedrai una lista di aree in cui puoi inserire i widget, come "Barra laterale principale" o "Piede di pagina".

Seleziona l'area in cui desideri aggiungere un widget.

- Seleziona il widget che desideri aggiungere e trascinalo nella tua area selezionata. Se non trovi il widget che desideri, potrebbe essere necessario installarlo e attivarlo prima di poterlo utilizzare.
- Configura le impostazioni del widget, se necessario. Ogni widget ha impostazioni uniche, quindi assicurati di leggere attentamente le istruzioni per configurare correttamente il tuo widget.
- Salva le modifiche.

Ci sono molti tipi di widget disponibili in WordPress, che puoi utilizzare per aggiungere una vasta gamma di contenuti e funzionalità al tuo sito web. Ad esempio, puoi utilizzare i widget per visualizzare una lista di post recenti, un modulo di contatto, una barra di ricerca, un'immagine, un video, un feed RSS, un calendario e molto altro ancora.

Inoltre, molti temi WordPress includono posizioni di widget predefinite, che puoi utilizzare per personalizzare ulteriormente il layout del tuo sito web. Ad esempio, il tuo tema potrebbe includere una sezione "Intestazione" o "Piede di pagina" dove puoi posizionare widget specifici.

In generale, i widget sono un modo semplice e conveniente per personalizzare il tuo sito web WordPress, aggiungere funzionalità e rendere il tuo sito web più utile e accattivante per i visitatori.

MENU: COME CREARE E GESTIRE I MENU IN WORDPRESS, INCLUSI I MENU PERSONALIZZATI.

I menu sono un elemento essenziale di un sito web, poiché consentono agli utenti di navigare tra le diverse sezioni del sito. In WordPress, i menu possono essere creati e gestiti facilmente attraverso l'area di amministrazione del sito web.

Per creare un nuovo menu in WordPress, è necessario accedere all'area di amministrazione del sito web e selezionare la voce "Menu" dal menu "Aspetto". A questo punto, si aprirà l'editor dei menu, dove sarà possibile creare un nuovo menu o modificare uno già esistente.

Per creare un nuovo menu, è sufficiente cliccare sul pulsante "Crea un nuovo menu" e assegnare un nome al menu. Successivamente, è possibile aggiungere voci di menu al menu appena creato. Le voci di menu possono essere pagine, post, categorie, tag, link personalizzati o persino elementi di menu personalizzati.

Per aggiungere una voce di menu, è sufficiente selezionare la voce desiderata dalla sezione "Aggiungi elementi di menu" e cliccare sul pulsante "Aggiungi al menu". È possibile anche trascinare e rilasciare le voci di menu nell'ordine desiderato.

Una volta creato il menu, è possibile assegnarlo a una posizione specifica nel sito web, ad esempio nella barra di navigazione principale, nella barra laterale o nel piede di pagina. Per assegnare un menu a una posizione specifica, è sufficiente selezionare la voce "Posizione del menu" e scegliere la posizione desiderata.

Inoltre, è possibile creare anche menu personalizzati. Un menu personalizzato consente di creare un menu con elementi di menu personalizzati, come ad esempio pulsanti di social media, icone o testo personalizzato. Per creare un menu personalizzato, è sufficiente selezionare la voce "Elemento di menu personalizzato" dalla sezione "Aggiungi elementi di menu" e inserire le informazioni desiderate.

In sintesi, la creazione e la gestione dei menu in WordPress è un'operazione semplice e intuitiva. I menu consentono agli utenti di navigare facilmente tra le diverse sezioni del sito web e migliorano l'esperienza utente complessiva.

FORMULARE: COME CREARE E GESTIRE I FORM DI CONTATTO IN WORDPRESS.

I form di contatto sono un elemento fondamentale di un sito web. Consentono ai visitatori di contattare il proprietario del sito e di fornire feedback, domande o richieste di informazioni. In WordPress, la creazione e la gestione dei form di contatto possono essere gestite tramite l'installazione di plugin dedicati.

Ecco i passaggi da seguire per creare e gestire i form di contatto in WordPress:

- Installa un plugin di form di contatto: ci sono molti plugin di form di contatto disponibili su WordPress, ma alcuni dei più popolari sono Contact Form 7, Gravity Forms e WPForms. Installa il plugin che preferisci e attivalo nel tuo sito.
- Crea un nuovo form: dopo l'installazione e l'attivazione del plugin, potrai creare un nuovo form di contatto. Nella maggior parte dei plugin, ci saranno delle opzioni per creare un nuovo form e personalizzarlo in base alle tue esigenze.
- Aggiungi i campi del form: una volta creato il nuovo form, potrai aggiungere i campi di cui hai bisogno. I campi di base includono solitamente il nome, l'email e il messaggio, ma è possibile aggiungere campi

personalizzati come il numero di telefono o la posizione.

- Personalizza il design del form: in molti plugin, ci saranno opzioni per personalizzare il design del form, come il colore e la dimensione dei caratteri. Assicurati che il design del form sia coerente con il design del tuo sito web.
- Imposta le opzioni di notifica: puoi configurare il plugin per inviare una notifica via email quando qualcuno invia un modulo di contatto. In questo modo, potrai rispondere alle richieste dei visitatori il più rapidamente possibile.
- Aggiungi il form alla tua pagina: dopo aver creato il tuo form, devi aggiungerlo alla pagina o al post del tuo sito web. In molti plugin, ci sarà un codice corto da inserire nella pagina in cui vuoi visualizzare il form.
- Testa il form: una volta che hai aggiunto il form alla tua pagina, testalo per assicurarti che funzioni correttamente. Compila il form e verifica che ricevi la notifica via email.
- Gestisci le risposte dei visitatori: dopo aver creato e pubblicato il form di contatto, assicurati di controllare regolarmente le risposte dei visitatori e rispondere alle loro richieste o domande il più velocemente possibile.

Seguendo questi passaggi, potrai creare e gestire facilmente i form di contatto sul tuo sito web WordPress.

SEO: COME MIGLIORARE IL POSIZIONAMENTO DEL TUO SITO WEB SUI MOTORI DI RICERCA UTILIZZANDO STRUMENTI E TECNICHE DI OTTIMIZZAZIONE PER I MOTORI DI RICERCA (SEO).

La SEO (Search Engine Optimization) è un insieme di tecniche che mirano a migliorare la posizione di un sito web sui motori di ricerca come Google, Bing, Yahoo, ecc. La posizione di un sito web nei risultati di ricerca è importante poiché gli utenti tendono a cliccare sui primi risultati che compaiono nella pagina e raramente consultano le pagine successive. Pertanto, è essenziale ottimizzare il sito web per i motori di ricerca per aumentare il traffico e la visibilità online.

Le tecniche di SEO si suddividono in due categorie: on-page e off-page. La SEO on-page si riferisce all'ottimizzazione degli elementi del sito web, come la struttura, il contenuto e il codice. La SEO off-page si riferisce all'ottimizzazione degli elementi esterni al sito web, come i backlink e la presenza sui social media.

Tra gli strumenti di SEO più comuni ci sono Google Analytics e Google Search Console, che consentono di monitorare il traffico, l'interazione degli utenti e gli errori del sito web. Esistono anche numerosi plugin di WordPress che possono aiutare a migliorare la SEO, come Yoast SEO, All in One SEO Pack, ecc.

Per ottimizzare la SEO del sito web, è importante prestare attenzione ai seguenti aspetti:

- Keyword research: la ricerca delle parole chiave è fondamentale per individuare le parole e le frasi che gli utenti digitano nei motori di ricerca per trovare informazioni relative al tuo sito web.
- Contenuto di qualità: i motori di ricerca premiano i siti web con contenuti di alta qualità, originali e rilevanti per gli utenti. Pertanto, è importante creare contenuti utili e interessanti per i visitatori.
- Struttura del sito web: la struttura del sito web deve essere ben organizzata e facile da navigare per gli utenti e i motori di ricerca. È importante utilizzare una struttura a gerarchia, con una home page chiara e categorie e sottocategorie ben definite.
- Meta tag: i meta tag, come il titolo e la descrizione, sono importanti per descrivere il contenuto della pagina ai motori di ricerca e agli utenti. È importante includere le parole chiave nelle meta tag per aiutare i motori di ricerca a capire di cosa si tratta la pagina.
- Backlink: i backlink, ovvero i link provenienti da altri siti web, sono importanti per aumentare l'autorità del sito web agli occhi dei motori di ricerca. È importante

ottenere backlink da siti web affidabili e di alta qualità per migliorare la SEO del tuo sito web.

- Presenza sui social media: la presenza sui social media è importante per promuovere il tuo sito web e aumentare la visibilità online. I link provenienti dai social media possono anche migliorare la SEO del tuo sito web.

In sintesi, la SEO è un aspetto fondamentale per la creazione di un sito web di successo. Utilizzando gli strumenti e le tecniche di ottimizzazione per i motori di ricerca, puoi migliorare la posizione del tuo sito web nei risultati di ricerca e aumentare la visibilità online.

SICUREZZA: COME PROTEGGERE IL TUO SITO WORDPRESS DA HACKER E ATTACCHI ONLINE UTILIZZANDO STRUMENTI E TECNICHE DI SICUREZZA.

Assicurare la sicurezza del tuo sito WordPress è una questione di estrema importanza. Gli hacker possono attaccare il tuo sito web e danneggiare non solo il tuo lavoro, ma anche i tuoi utenti e visitatori. Qui di seguito sono riportati alcuni suggerimenti per proteggere il tuo sito WordPress da hacker e attacchi online.

- Aggiorna WordPress e i plugin regolarmente: gli aggiornamenti di WordPress e dei plugin includono correzioni di sicurezza importanti. Installa sempre gli aggiornamenti più recenti per proteggere il tuo sito da vulnerabilità.
- Utilizza password forti e complesse: assicurati che

le password del tuo sito siano lunghe e complesse, utilizzando una combinazione di lettere maiuscole e minuscole, numeri e simboli. Non utilizzare password ovvie o facilmente intuibili.

- Utilizza un plugin di sicurezza: ci sono molti plugin di sicurezza per WordPress che possono aiutarti a proteggere il tuo sito web. Alcuni dei più popolari includono Wordfence Security, iThemes Security e Sucuri Security.
- Utilizza un certificato SSL: un certificato SSL crittografa i dati che vengono scambiati tra il tuo sito web e i tuoi utenti, proteggendo le informazioni personali e di pagamento. Assicurati di utilizzare un certificato SSL valido sul tuo sito.
- Limita gli accessi: limita gli accessi al tuo sito solo a coloro che ne hanno bisogno. Usa una password forte per l'account amministratore e crea account separati per gli altri utenti.
- Effettua il backup del tuo sito regolarmente: effettuare il backup del tuo sito web è importante in caso di attacco informatico o di guasto del sito. Usa un plugin di backup per programmare backup regolari del tuo sito.
- Utilizza un servizio di protezione DDoS: un attacco DDoS può rendere il tuo sito inaccessibile ai visitatori. Utilizza un servizio di protezione DDoS per impedire che questi attacchi danneggino il tuo sito.
- Disabilita le funzionalità non necessarie: disabilita le funzionalità di WordPress che non stai utilizzando per ridurre la superficie di attacco.
- Controlla le autorizzazioni dei file: assicurati che i file del tuo sito siano accessibili solo a coloro che ne hanno bisogno. Controlla le autorizzazioni dei file per assicurarti che non ci siano vulnerabilità di sicurezza.
- Utilizza un servizio di scansione del malware: utilizza un servizio di scansione del malware per monitorare il tuo sito web alla ricerca di malware o altre minacce alla

sicurezza.

Seguire questi suggerimenti può aiutarti a proteggere il tuo sito WordPress da hacker e attacchi online. La sicurezza del tuo sito web è un compito in continua evoluzione, quindi assicurati di monitorare costantemente il tuo sito per eventuali vulnerabilità e di prendere le misure necessarie per proteggere il tuo lavoro e i tuoi visitatori.

www.ingramcontent.com/pod-product-compliance
Lightning Source LLC
Chambersburg PA
CBHW070751220526
45467CB00018B/2010